그린이 빅토르 에스칸델

유명한 바르셀로나 마사나 디자인 학교에서 그래픽디자인을 공부했어요. 광고 회사, 신문사, 정부 기관, 국제 기구 등을 위해 일했고, 어린이 책에 그림을 그리는 일러스트레이터로도 활동해요. 독자가 자유로운 정신을 일깨우고 새로운 창의력을 발휘할 수 있도록 돕는 것이 꿈이에요. 그린 책으로 『추리 게임』이 있어요.

수수께끼 선별 및 각색 아나 가요

대학에서 정보학을 공부하고 신문사에서 기자로 일했어요. 2000년부터 스페인의 대형 출판사들과 일하며 디자인, 편집, 교정 등 다양한 작업을 하면서 다양한 책을 썼어요. 『추리 게임』, 『우리가 태어났을 때』 등을 썼어요.

옮긴이 권지현

고등학교를 졸업할 무렵부터 번역가의 꿈을 키웠어요. 그래서 서울과 파리에서 번역을 전문으로 가르치는 학교에 다녔고, 학교를 졸업한 뒤에는 번역을 하면서 번역가가 되고 싶은 학생들을 가르치고 있어요. 그동안 옮긴 책으로는 〈보통의 호기심〉 〈꼬마 중장비 친구들〉 시리즈와 『산으로 올라간 백만 개의 굴』, 『오늘의 식탁에 초대합니다』, 『펜으로 만든 괴물』, 『추리 게임』, 『버섯 팬클럽』, 『거짓말』, 『아나톨의 작은 냄비』 등이 있어요.

세계사 추리 게임
단서를 찾아 25개의 수수께끼를 풀어라!

초판 인쇄 2022년 1월 14일 **초판 발행** 2022년 1월 14일
그린이 빅토르 에스칸델 **수수께끼 선별 및 각색** 아나 가요 **옮긴이** 권지현
펴낸이 남영하 **편집** 김주연 이신아 **디자인** 박규리 **마케팅** 김영호
펴낸곳 ㈜씨드북 **주소** 03149 서울시 종로구 인사동7길 33 남도빌딩 3F **전화** 02) 739-1666 **팩스** 0303) 0947-4884
홈페이지 www.seedbook.co.kr **전자우편** seedbook009@naver.com **인스타그램** instagram.com/seedbook_publisher
ISBN 979-11-6051-432-2 77870 **세트** 979-11-6051-431-5

Enigmes de la història
© Original edition, Zahorí de Ideas (www.zahorideideas.com)
© Illustrations, Víctor Escandell. 2018
© Texts, Ana Gallo. 2018
With the collaboration of Institut d'estudis baleàrics
Korean Translation Copyright © Seedbook Co., Ltd, 2022
All rights reserved.
This Korean edition was published by arrangement with Zahorí de Ideas S. L. (Barcelona) through Bestun Korea Agency Co., Seoul.

이 책의 한국어판 저작권은 베스툰 코리아 에이전시를 통해 저작권자와 독점 계약을 맺은 ㈜씨드북에 있습니다.
저작권법에 의해 한국 내에서 보호를 받는 저작물이므로 무단 전재와 무단 복제를 금합니다.

 제조국명: 대한민국 | **사용연령:** 6세 이상
KC마크는 이 제품이 공통안전기준에 적합하였음을 의미합니다.
종이에 베이지 않게 주의하세요.

• 책값은 뒤표지에 있어요. • 잘못 만들어진 책은 구입하신 서점에서 바꾸어 드려요. • 씨드북은 독자들을 생각하며 책을 만들어요.

세계사
추리 게임

단서를 찾아 25개의 수수께끼를 풀어라!

빅토르 에스칸델 그림 아나 가요 수수께끼 선별 및 각색 권지현 옮김

역사도 배울 수 있는
추리 게임의 세계에 잘 왔어요!

인류의 역사에는 수수께끼 같은 사건이 많았어요. 이 책에 나오는 수수께끼들은 역사적 사실과 실제 인물을 바탕으로 했지만 지어낸 이야기예요. 이 책에서 **논리력**과 **상상력**을 발휘하며 여러 시대를 여행해 보길 바라요. 논리력과 상상력은 인류가 발전할 수 있는 힘이었어요. 여러분도 이 두 가지 능력을 잘 가꾸면 크게 발전할 수 있을 거예요.

수수께끼 푸는 법

수수께끼를 시작할 때마다 **논리력**을 써야 하는지 **상상력**을 써야 하는지 보여 주는 그림이 있어요.

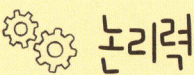 

 나와라, **논리력!**

작은 톱니바퀴 두 개가 보이면 답은 글이나 그림 안에 있어요. 하지만 조심해요! 논리력 문제를 모두 똑같은 방법으로 풀면 안 돼요. 그러니 다음 단계를 따라가요.

- 사건의 내용을 주의 깊게 읽고 그림도 자세히 들여다봐요.
- 주어진 자료를 분석하면서 모든 부분을 다시 읽고 관찰해요.
- 떠오른 아이디어들을 연결해요. 일반적인 원리에서 출발해 개별적인 결론으로 이끌어 내는 연역법을 사용해요. 가지고 있는 지식(가장 중요해요!)을 활용할 수도 있어요.

> 답은 글이나 그림에 들어 있어요.
> 글을 잘 읽고
> 그림도 꼼꼼히 살펴봐요.

켜져라, 상상력!

켜진 램프 그림이 보이면 상상력을 발휘해 봐요.

- 사건의 답은 평범하지 않아요. 뜻밖의 답이 나올 수도 있어요.
- 역사적 사건을 설명한 부분은 크게 도움 되지 않을 거예요. 이럴 때는 논리력에 기대지 말아요.
- 아무도 가지 않은 길에서 답을 찾아야 해요. 다른 사람과는 다른 관점을 가져요. 다르게 생각하고, 창의성과 상상력을 발휘해요.

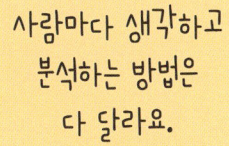

사람마다 생각하고 분석하는 방법은 다 달라요.

점수

사건은 1부터 6까지 난이도별로 구분되어 있어요. 난이도는 ★로 표시되어 있어요.

1 = 가장 쉬움	6 = 가장 어려움
★☆☆☆☆☆	★★★★★★

난이도에 따라 점수가 달라져요.

난이도	점수
★☆☆☆☆☆	10
★★☆☆☆☆	20
★★★☆☆☆	30
★★★★☆☆	40
★★★★★☆	50
★★★★★★	60

게임 방법

혼자 또는 팀을 만들어서 풀어요. 사람이 많을수록 사건 해결이 더 재미있을 거예요. 물론 사람이 적어도 재미있고요. 무엇보다 천천히 문제를 풀어야 해요. 서두른다고 해결되지 않으니까요.

다음과 같이 두 가지 방법으로 게임을 할 수 있어요.

가족과 함께

- 먼저 대장 탐정을 정해요. 대장만이 답을 볼 수 있어요.

- 다른 탐정들은 단서를 얻기 위해서 대장에게 사건에 대한 질문을 할 수 있어요.
  대장은 다음과 같은 방식으로만 답할 수 있어요.
  - "**네.**" 혹은 "**아니요.**"
  - "**질문을 바꾸어서 하세요.**"(단서를 잘 이해하지 못했다고 판단했을 때)
  - "**그건 중요하지 않아요.**"(질문이 사건 해결에 도움이 되지 않을 때)

- 답을 찾지 못했을 때 대장이 함께 단서들을 검토할 수 있어요. 이때 대장은 다른 사람들이 미처 깨닫지 못한 중요한 단서를 발견하도록 도와줄 수 있어요.

점수를 헷갈리지 않으려면 종이나 공책에 적어 두어요.

가족과 함께

사건명	후안	아나	마리오	플로르
사냥감을 찾아서	50			
구애하는 청년		20		60
야만인들이 온다			20	
억수 같은 비				40
기본적인 사건				

친구들과 함께

사건명	1팀	2팀
사냥감을 찾아서	50	
구애하는 청년		20
야만인들이 온다		60
억수 같은 비	20	
합계	70	80

친구들과 함께

- 두 명 이상으로 팀을 꾸리고, 한 사람이 대장이 되어요.
- 처음부터 풀어야 할 사건의 수를 정해요.
- 빨리 푼 팀이 아니라 점수를 많이 얻은 팀이 이겨요.
- 답을 찾았다고 생각하면 먼저 대장에게 말해요. 정답이면 대장이 점수를 주어요. 점수를 받은 팀은 다음 사건으로 넘어갈 수 있어요.
- 각 사건에서 얻은 점수를 종이에 꼭 적어 놓아요. 동점일 때에는 사건을 하나 더 풀어서 승리 팀을 정해요.

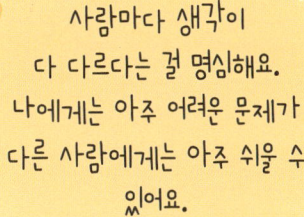

사람마다 생각이 다 다르다는 걸 명심해요. 나에게는 아주 어려운 문제가 다른 사람에게는 아주 쉬울 수 있어요.

요건 기본이지, 친구들! 시대에 맞지 않는 물건들을 찾아보라고!

시대에 맞지 않는 물건 10개를 찾아요!

그림을 집중해서 살펴봐요!
그러면 좋은 탐정도 되고 그림을 자세히 보는 법도
배울 수 있을 거예요. 10개의 물건이 그림 속에 숨겨져 있어요.
각 시대와는 동떨어진 물건이에요.
여러분이 직접 찾아봐요.
답은 이 책의 맨 마지막에 나와요.

차례

선사 시대

- 네안데르탈인의 동굴 ········ 12쪽
- 사냥감을 찾아서 ········ 14쪽
- 아직 씻지 않은 이에게 화 있으라 ········ 16쪽

- 욕조 사막 ········ 20쪽
- 파라오의 신하 ········ 22쪽
- 세상에서 가장 깨끗한 사람 ········ 24쪽
- 구애하는 처녀 ········ 26쪽
- 로마제국의 목욕 ········ 28쪽
- 황제의 땀 ········ 32쪽
- 공중 목욕의 시간 ········ 34쪽

씻지 않기가 수 25개의 이야기 속

앗, 싫어

선사 시대 : 기원전 250만 년~기원전 4000년
호모 사피엔스가 지구에 나타난 이후 인류는 많은 진화를 거듭해왔다. 약 1만 년 전부터는 농사를 짓고 가축을 기르며 생활을 더 좋아졌어요. 신석기 시대로 접어든 거예요.

고대 : 기원전 4000년~기원후 476년
이때 최초의 아주 중요한 문명들이 나타났어요. 역사학자들은 다섯 가지로 나누었죠. 메소포타미아, 이집트, 그리스, 로마 제국이 있었고요. 최초의 도시와 종교도 나타났어요. 역사책에 처음 등장한 몇몇 주인공들은

한자례

중세 : 5~15세기

게르만족의 침략으로 로마 제국이 무너지고 중세가 시작됐다. 신분 질서가 엄격했던 중세 사회에서 일부 제후들은 큰 권력을 누렸지만, 여성에게 교육받을 기회는 많지 않았다. 영주에 대한 충성과 의리를 중시했던 중세 사회에서 여성은 가정에 묶여 있는 경우가 많았다.

- 야만인들이 온다! ·····36쪽
- 펜은 칼보다 강하다 ·····38쪽
- 모나리자의 정체 ·····40쪽
- 금속활자의 단짝 ·····42쪽

근대 : 15~18세기

유럽인들은 아메리카 대륙에 진출하며 엄청난 부를 쌓았다. 과학혁명과 산업혁명을 거치며 생산력이 급증했고, 증기기관이 발명되어 교통수단이 발달했다. 시민혁명으로 민주주의가 자리잡고, '인간'에 대한 관심이 높아졌다.

- 콜럼버스가 2세에 더라가 ·····44쪽
- 태양의 시대 ·····46쪽
- 우유 짜는 소녀 ·····48쪽
- 영웅의 죽음 ·····50쪽
- 평범한 영웅 초상화 ·····52쪽

현대 : 19~21세기

전구와 축음기가 발명되면서 밤이 더 밝아졌고, 영화라는 새로운 오락거리도 등장했다. 전기, 전화, 자동차, 자동판매기, 엘리베이터 등이 발명되면서 사람들의 생활은 훨씬 더 편리해졌다. 20세기가 지나는 동안 두 차례의 세계대전이 일어나며 수많은 사람들이 목숨을 잃기도 했다. 여성의 사회진출, 인권과 자유에 대한 갈망 등 다양한 변화들이 오늘의 세계를 만들었다.

- 에디슨의 천재성 ·····54쪽
- 기본적인 시간 ·····56쪽
- 고흐 색깔 ·····58쪽
- 춤의 맛 ·····60쪽
- 곰이 인형 ·····62쪽
- 플랑크 아들 ·····64쪽
- 미래를 여는 대통 ·····66쪽

선사 시대 논리력 점수 난이도 / 하
기원전 250만 년~기원전 4000년   10점 ★☆☆☆☆

구석기 시대

구석기 시대에는 사람들이 함께 살아가는 데 식량과 평화가 꼭 필요했어요.
그래서 기본적인 생활 규칙을 만들었지요. 예를 들어 식량을 훔치는 행동은 가장 나쁜 잘못이었어요.
그래서 식량을 훔치면 가장 무거운 벌을 받았어요. 바로 무리에서 쫓겨나는 벌이었지요.
그 시대에는 다른 사람들의 도움을 받지 않고 혼자 살아가기가 무척 어려웠기 때문이에요.

네안데르탈인 도둑

어느 상쾌한 봄날이었어요. 함께 모여 살던 네안데르탈인 몇몇이 사냥을 떠났어요.
나머지는 동굴에 남았어요. 할 일이 많았거든요. 며칠 동안 사용할 불도 피우고 다른 집안일도 해야 했어요.
그런데 그날은 식량을 구하러 나가려다가 놀라운 걸 발견했어요.

① 어떤 여자가 겁에 질려 소리를 질렀어요.
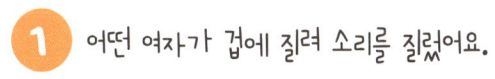

② 화가 난 사람들은 무리에서 가장 지혜로운 노인을 찾아가서 도둑을 잡을 수 있도록 도와달라고 부탁했어요.
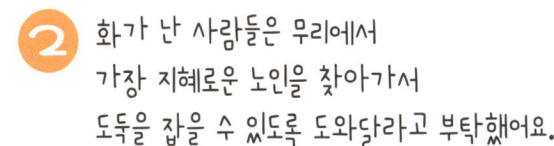

③ 그러자 근처에서 놀고 있던 아이가 노인에게 다가와서 귀에 무언가 속삭였어요.

'불의 얼굴'을 한 남자가 고기를 숨기는 걸 봤어요.

누군지 알겠군.

④ 지혜로운 노인은 불 주위에 모인 사람들을 천천히 살펴봤어요. 그러고는 그중 한 명을 손가락으로 가리켰어요.

노인이 지목한 범인은 누구일까요?

정답은 66쪽에 있어요.

선사 시대  점수 난이도 / 상
기원전 250만 년~기원전 4000년 상상력 50점 ★★★★★★

중석기 시대

인류는 불을 발명해서 역사상 가장 어려운 수수께끼를 푼 셈이에요.
빙하기가 지나자 기온이 다시 올라갔고, 동물들은 북쪽으로 이동하기 시작했어요.
인간은 따뜻한 곳에 남아 있고 싶었지만 몸집이 큰 동물들을 잡아야 살아갈 수 있었어요.
그래야 고기를 먹고 가죽으로 옷을 지어 입을 수 있었기 때문이에요.

사냥감을 찾아서

올해에도 겨울이 오기 전에 식량을 준비해야 해요.
그렇게 해야 혹독한 겨울을 날 수 있으니까요. 사냥꾼은 돌로 만든 무기를
날카롭게 다듬고 큰 사냥감을 쫓으러 용감하게 떠나려 해요.
하지만 먼저 그런 사냥감이 어디에 있는지 알아야겠지요?

선사 시대  점수 난이도 / 상
기원전 250만 년~기원전 4000년 상상력 60점 ★★★★★★

신석기 시대

인류는 큰 발전을 이루었어요. 한곳에 정착해서 농사를 짓고 가축을 키우기 시작했지요.
인류가 만든 최초의 건축물은 거대한 돌을 세워 놓은 선돌이었어요.
몇 톤이나 나가는 돌기둥을 하나만 세워 두거나 여러 개를 줄 맞춰 늘어놓았어요.

아홉 개의 선돌을 세워라!

선돌을 세우는 것은 힘든 일이었어요. 성스러운 장소에 마지막 선돌을 세우는 순간, 기쁨에 겨워
잔치를 벌였지요. 마지막 선돌을 세울 때 부족의 우두머리인 족장과 샤먼이 게임을 하자고 해요.
두 사람은 참가자인 어른들에게 이렇게 말하죠. "이건 애들 장난이 아니에요."

1 족장이 게임의 규칙을 설명했어요.

> 밧줄 하나로 선돌 아홉 개를 이어야 합니다.

2 그러자 샤먼도 엄숙하게 말했지요.

> 네 개의 직선으로만 이어야 합니다.

❸ 족장은 우승자가 받을 상도 말해 주었어요.

"1등에게는 아름다운 오록스 가죽을 드려요!"

"못 맞힐걸?"

오록스

❹ 어른들은 답을 찾느라 끙끙대고 있었어요. 그때 한 여자아이가 나타나서 모래사장에 돌기둥 아홉 개를 그리고 직선을 이용해 잇기 시작했어요.

"내가 해 볼게요. 자신 있다고요!"

5. 어른들은 입을 다물고 아이를 지켜봤어요.
그런데 아이는 정말 답을 알고 있었어요!
오록스 가죽을 상으로 받은 아이는 신이 났어요.

응, 이건 애들 장난이야.

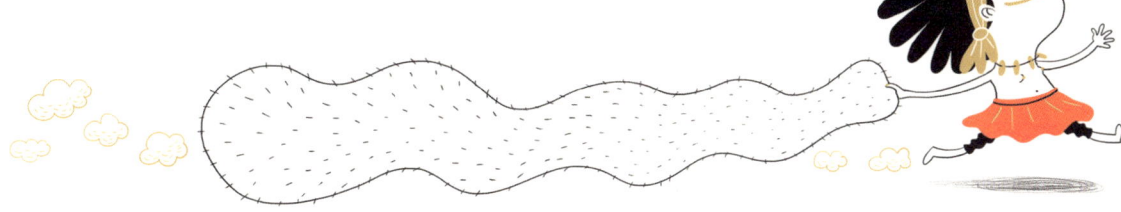

 여러분은 직선 네 개로
아홉 개의 점들을 이을 수 있나요?

주의 : 직선을 네 개만
사용할 수 있어요.
그리고 한 번도 연필을 떼면 안 돼요.

여자아이는 어떻게
성공했을까요?

정답은 66쪽에 있어요.

고대
기원전 4000년~기원후 476년

상상력

점수
50점

난이도 / 상
★★★★★

수메르 문명

중동의 수메르인들이 최초의 도시를 세우고 바퀴, 햇볕에 말린 흙벽돌, 문자를 발명했어요. 문자가 있으니 최초로 법을 글로 쓸 수 있었어요. 바빌로니아 왕국의 함무라비 왕이 만든 법전은 고대인들이 어떻게 생활했는지 알려 주는 귀중한 기록이에요.

돌 사기꾼

바빌로니아 왕국 시대에는 주민들이 장사해서 번 돈의 일부를 왕에게 세금으로 냈어요.

사치품이나 마찬가지였던 가축이나 곡물을 팔면 세금을 내야 했지요.

어느 날 오후, 바빌로니아 왕국의 출입문을 지키고 있던 경비병들이 수상한 남자를 발견했어요.

그 남자는 매일 돌을 가득 실은 노새를 데리고 도시로 들어갔다가 돈을 들고 돌아왔어요.

장사를 잘해서 돈을 많이 번 것 같았어요.

20

① 매일 아침 남자는 젊고 힘센 노새에 돌 주머니 두 개를 싣고 도시로 들어갔어요.

② 경비병들이 매번 그를 막고 무엇을 실었는지 보여 달라고 명령했어요. 그러면 남자는 가방을 열어서 보여 주고 문을 통과할 수 있었어요. 돌에는 세금을 매기지 않았어요.

③ 그런데 오후에는 남자의 노새가 지쳐서 느린 걸음으로 문을 나왔어요. 남자가 우쭐대며 찬 돈 가방은 터질 듯이 부풀어 있었고요.

④ 경비병들은 남자를 의심했어요. 겉으로는 아무런 문제가 없어 보였지만 남자가 많은 돈을 벌자 자신들을 속였다고 생각했지요. 그러던 어느 날, 경비병들은 남자가 무슨 장사를 하는지 알아냈어요.

남자가 파는 것은 무엇일까요?

정답은 66쪽에 있어요.

고대	상상력	점수	난이도 / 중
기원전 4000년~기원후 476년		40점	★★★★☆

이집트 문명

고대 이집트는 수천 년 동안 왕가가 지배한 대제국이었어요.

그 제국을 지배한 파라오는 항상 남자였고, 백성들은 파라오를 신처럼 섬겼어요.

하지만 예외도 있었지요. 하트셉수트는 경제를 발전시키고 평화를 가져온 여자 파라오였거든요.

하지만 파라오가 되어 제국을 다스리려면 남장을 해야 했어요.

파라오의 선택

때로는 왕위를 물려주기가 참 어려웠어요. 특히 파라오에게 자식이 없고
파라오가 죽은 뒤에 그 자리를 물려받을 왕비도 없을 때는 말이지요.
이 파라오도 같은 문제를 갖고 있나 봐요. 그는 매우 기발한 방법으로 후계자를 선택했어요.

1. 파라오는 가장 정직한 사람을 후계자로 삼고 싶었어요. 그는 흙을 가득 담은 화분을 이집트의 모든 소년과 소녀에게 나눠 주게 했어요. 화분을 받은 사람은 1년 뒤에 성으로 와야 했지요.

1년 뒤

2. 아이들은 화분을 들고 성에 모여들었어요. 어떤 화분에서는 아름다운 꽃이 피었고, 대부분의 화분에서는 크기와 모양이 저마다 다른 몹시 이국적인 식물이 자랐어요.

3. 그런데 한 여자아이의 화분에서는 꽃도, 나무도 자라지 않았어요. 파라오는 주저 없이 이 여자아이를 선택했어요.

네가 나의 후계자다.

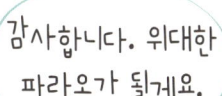

감사합니다. 위대한 파라오가 될게요.

파라오는 왜 빈 화분을 가져온 아이를 선택했을까요?

정답은 66쪽에 있어요.

고대	상상력	점수 30점	난이도 / 중 ★★★☆☆
기원전 4000년~기원후 476년			

그리스 문명

에게해 지역에 사는 민족들은 뛰어난 뱃사람이자 상인들이었어요. 그들은 아테네와 스파르타 같은 강력한 도시를 건설했지요. 그들 덕분에 인간의 사상, 과학, 예술 분야에서 가장 풀기 힘든 수수께끼들이 밝혀졌어요. 그들의 사상은 오늘날까지도 계속 영향을 미치고 있어요. 예를 들어 민주주의 같은 정치 제도가 전 세계로 퍼졌지요.

세상에서 가장 똑똑한 사람

페리클레스는 아테네의 뛰어난 지도자였어요. 그는 위대한 예술가와 사상가들을 가까이하고 싶어 했지요. 연인인 아스파시아는 지적이고 정치에 영향력을 발휘하는 여자였어요. 그녀에 관해 전해지는 이야기(늘 맞는 건 아니지만)가 많아요. 페리클레스가 동료들에게 흥미로운 수수께끼를 냈을 때에도 아스파시아가 있었지요.

1. 페리클레스는 동료들에게 문제를 냈어요.

"이 튜닉으로 나를 머리끝부터 발끝까지 감쌀 수 있는 사람을 '아테네에서 가장 똑똑한 남자'라고 부르겠소!"

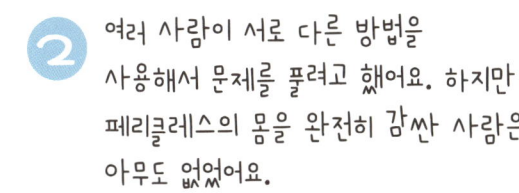

2. 여러 사람이 서로 다른 방법을 사용해서 문제를 풀려고 했어요. 하지만 페리클레스의 몸을 완전히 감싼 사람은 아무도 없었어요.

3. 남자들만 문제를 풀 수 있게 하자 화가 난 아스파시아가 나섰어요.

"나는 답을 안다고요."

4. 아스파시아는 페리클레스에게 두 가지를 시켰어요. 우선 튜닉 위에 누우라고 했어요. 그런 다음에 두 번째 지시를 했지요.

5. 페리클레스의 몸이 드디어 감싸졌어요. 그러자 그는 '아테네에서 가장 똑똑한 남자'가 아니라 '아테네에서 가장 똑똑한 사람'으로 상의 이름을 바꾸라고 명했어요.

"당신이 최고야!" "알아요."

아스파시아가 페리클레스에게 내린 두 번째 지시는 무엇일까요?

정답은 66쪽에 있어요.

고대	상상력	점수	난이도 / 하
기원전 4000년~기원후 476년		20점	★★☆☆☆

중국 문명

서양의 고대 문명과 교류가 없었던 중국인들은 황하 유역에서 역사상 가장 강력한 제국을 세웠어요. 중국 사회는 다양한 민족으로 이루어져 있었는데, 공자의 가르침을 받으면서 통일된 전통을 갖기 시작했지요. 공자는 올바른 사회란 선과 악을 구분할 줄 아는 지혜, 선함, 정직함과 같은 덕을 바탕으로 해야 한다고 가르쳤지요.

구애하는 청년

어느 날 하오라는 젊은 청년이 시장에서 예쁘고 똑똑한 처녀를 만났어요. 하오는 금세 사랑에 빠졌지요. 하오는 처녀가 천을 사며 가격을 흥정하는 모습을 지켜보았고, 그녀의 이름이 '리'라는 것을 알게 되었어요. 하오는 감정을 주체하지 못하고 전통에 따라 리의 아버지에게 찾아가 교제를 허락해 달라고 말했어요.

꿀꿀

① 긴장하고 흥분한 하오는 리의 아버지에게 인사하고 조심스럽게 교제 얘기를 했어요.

"안녕, 하오? 무슨 일이냐?"

"아저씨의 딸 리를 만났어요. 리랑 사귀고 싶어요."

② 리의 아버지는 고개를 끄덕였어요. 하지만 하오가 정말 정직한 청년인지 알아보고 싶어서 질문을 던졌지요.

"내 딸을 안다니, 내 딸의 나이가 몇 살이지?"

③ 리의 나이를 알 방법이 없었던 하오는 대답하지 못했어요. 그러자 리의 아버지는 청년을 돕기 위해 종이에 뭔가를 적어 내밀었지요.

"여기에 답이 있네."

④ 하지만 종이에는 영어로 리의 이름만 적혀 있었어요. 아저씨의 뜻을 알 수 없었던 하오는 부끄러워하며 떠났어요. 하지만 청년의 정직함을 알게 된 리의 아버지는 연애를 허락했어요.

리는 몇 살일까요?

정답은 67쪽에 있어요.

고대	논리력	점수	난이도 / 상
기원전 4000년~기원후 476년		60점	★★★★★★

켈트 문명

도구와 무기가 필요해진 인간은 금속을 발견하게 되었어요.
구리, 청동, 철로 만든 농기구로 농사를 더 잘 지을 수 있게 되었고, 무기로는 다른 부족들의 공격을 막을 수 있었어요. 철기 시대에 켈트족은 용감한 전사이자 정복자로 활약했어요.
여자든 남자든 전쟁터에서 용감하게 싸웠거든요.
그들의 용맹함은 사제였던 드루이드들이 만든 묘약 덕분이었어요.

드루이드의 묘약

전투가 벌어지기 전에 드루이드들은 전투를 지휘할 남자와 여자들을 불러 모았어요.
그들은 필요한 조언을 해 주었을 뿐만 아니라 전사들을 무적으로 만들어 줄 묘약도 주었어요.
하지만 이 이야기에 등장하는 드루이드는 전사들이 모두 똑같은 풀을 좋아하는 건 아니라는 사실을 알고 있었어요.

2️⃣ 드루이드는 싸움을 마다하지 않는 이드리스가 마편초를 좋아한다는 얘기를 들었어요.

3️⃣ 브라이언과 에이린은 물레나물을 좋아해요. 하지만 에이린은 두송 열매를 차로 끓여 먹고는 했지요.

마편초가 내 취향!

4️⃣ 까다로운 마에레는 두송 열매를 좋아하지 않았고, 박하 맛을 싫어했어요.

5️⃣ 브라이언과 닐이 박하를 좋아하는 걸 알았던 드루이드는 누구에게 어떤 묘약을 줘야 하는지 깨달았어요.

드루이드는 어떤 식물을 골라서 전사들이 좋아하는 묘약을 만들었을까요?

각 식물로 만든 묘약과 그 묘약을 받을 사람을 선을 그어 짝지어 보아요.

두송 열매　　마편초　　물레나물　　박하　　쑥

이드리스　　브라이언　　에이린　　마에레　　닐

드루이드는 누구를 위해서 각 묘약을 만들었을까요?

정답은 67쪽에 있어요.

고대
기원전 4000년~기원후 476년

논리력

점수
50점

난이도 / 상
★★★★★

로마 문명

로마 공화국은 유럽 대륙을 넘어 아프리카와 동방을 정복하고 강력한 로마 제국이 되었어요.
500년 동안 로마인들은 다른 민족에게 그들의 법, 언어, 생활 방식을 강요했지요.
로마 황제 몇 명은 광기와 폭정으로 역사에 이름을 남겼어요.

황제의 말

로마 제국의 세 번째 황제 칼리굴라는 자신의 말 잉키타투스를 정말 좋아했어요.
얼마나 좋아했던지 말에게 멋진 저택을 지어 주고 상아로 만든 먹이 그릇을 선물할 정도였지요.
황제가 말을 원로원 의원으로 만들려고 한다는 소문도 들렸지요.
어느 날, 한 선한 시민이 잉키타투스를 도둑질하려 했다는 누명을 썼어요.

1. 칼리굴라는 배심원들이 무죄를 선언하리라는 것을 알았어요. 누명을 쓴 남자는 정직하고 모범적인 시민이었으니까요.

2. 불공평하다는 소리를 듣지 않으려고 칼리굴라는 모두가 듣는 앞에서 이렇게 말했어요.

"신들에게 판결을 맡기자!"

3. 칼리굴라는 단지에 종이 두 장을 넣었어요. 한 장에는 '유죄'라고 적었고, 나머지 한 장에는 '무죄'라고 써야 했지만 역시 '유죄'라고 썼지요.

4. 누명을 쓴 남자는 칼리굴라의 속임수를 알아차렸어요. 그래서 종이 한 장을 집은 다음에 배심원들에게 보여 주지 않고 먹어 버렸지요.

그리고 배심원들은 그가 무죄라고 판결했어요.

배심원들은 왜 그가 무죄라고 했을까요?

정답은 67쪽에 있어요.

고대	논리력	점수	난이도 / 상
기원전 4000년~기원후 476년		50점	★★★★★☆

고대 과학자들

고대인들은 이성과 논리를 사용해서 우주, 사고, 존재 등 모든 것을 설명하려고 했어요. 당시에 가장 인기가 많았던 과학자는 시라쿠사 출신의 아르키메데스였어요. 그는 부력의 원리와 같은 중요한 물리학 법칙을 발견했고, 시라쿠사가 적에게 포위되었을 때 오목 거울을 활용하는 기발한 무기를 발명했어요. 이 거울로 햇빛을 한데 모아 적의 배를 불사를 수 있었지요.

금관의 무게

시라쿠사의 왕 히에론 2세는 금괴 하나를 금 세공사에게 주고 왕관을 만들어 오라고 했어요. 그런데 그가 금을 다 쓰지 않고 뒤로 빼돌린 게 아닌가 의심스러웠지요. 그래서 왕은 아르키메데스에게 명령했어요. "금 세공사가 속임수를 쓰지 않았는지 알아내!" 왕의 의심이 옳았는지 틀렸는지 어떻게 알 수 있을까요?

1. 왕의 주문을 듣고 깊은 생각에 잠긴 아르키메데스는 집에 돌아와 따뜻한 목욕물을 받았어요. 욕조에 들어간 그는 자신의 몸 때문에 물이 넘치려고 하는 걸 보았지요.

유레카! 답을 찾았어!

2. 아르키메데스는 옷도 걸치지 않고 물을 줄줄 흘리면서 궁까지 신나게 뛰어갔어요. 금 세공사가 속임수를 썼는지 확인할 방법을 알아냈기 때문이지요.

3. 궁에 도착한 아르키메데스는 그릇 두 개에 물을 반쯤 채워 달라고 했어요. 한쪽 그릇에는 금관을, 다른 쪽 그릇에는 왕이 금 세공사에게 주었던 것과 똑같은 금괴를 넣었어요.

그러자 금괴를 넣은 그릇의 수면이 더 높이 올라갔어요.

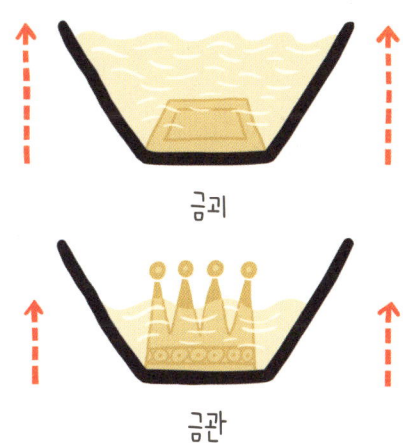

금괴

금관

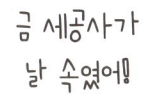

금 세공사가 날 속였어!

4. 실험 결과를 확인한 왕은 금 세공사가 자신을 속였다는 것을 알고 화를 냈어요.

왕은 어떻게 속았다는 걸 알았을까요?

정답은 67쪽에 있어요.

35

중세	논리력	점수	난이도 / 상
5~15세기		50점	★★★★★

야만인의 침략

기원후 몇 세기 동안 추위와 농작물 부족으로 게르만 민족이 남쪽으로 이동했어요. 그들은 '야만인'을 뜻하는 '바바리안'이라고 불렸어요. 로마 제국 바깥에서 사는 사람들을 일컫는 말이었지요. 그들의 침략과 약탈로 유럽은 혼돈에 빠졌고, 결국 로마 제국도 멸망하고 말았어요.

> 나를 따르라!
> 로마가 우리를
> 기다린다!

야만인들이 온다!

서고트의 왕 알라리쿠스 1세는 이탈리아의 국경을 통과했어요. 로마인들은 병사들을 몰래 보내서 서고트 군대가 얼마나 가까이 왔는지 알아봤지요. 야만인들이 로마를 공격하고 약탈할 속셈이라는 것을 알아낸 로마 병사들은 전속력으로 돌아와 원로원에 소식을 알렸어요.

1 로마의 성문에 도착한 병사는 암호를 대야 했어요. 경비병이 문 안쪽에서 "하나!"라고 외치자 병사는 "둘!"이라고 외쳤어요. 그러자 성문이 열렸어요.

2 얼마 뒤에 두 번째 병사가 땀을 뻘뻘 흘리며 달려왔어요. 경비병이 "둘!"이라고 외치자 병사는 "넷!"이라고 외쳤어요. 그러자 성문이 열렸어요.

3 세 번째 병사는 서고트 군대가 쳐들어온다는 걸 알고 초조한 상태였어요. 그래서 암호를 잊어버렸지요. 이 병사는 동료들이 댄 암호를 듣고 추리를 했어요.

4 경비병이 "다섯!"이라고 외쳤고 병사가 "여섯!"이라고 외쳤지만 문은 열리지 않았어요.

병사는 어떤 수를 말해야 했나요?

정답은 67쪽에 있어요.

중세	논리력	점수	난이도 / 하
5~15세기		10점	★☆☆☆☆

제후, 귀족, 봉신, 그리고 영웅

봉건 시대의 제후는 많은 땅을 소유한 사람이었어요. 그 땅에 사는 사람들은 봉신이었어요.

봉신은 제후를 받들어 모셔야 했지요. 제후에게 충성을 맹세하고 군사적으로나 경제적으로 그를 도와야 했어요.

그러자 부당한 일들이 늘어나게 되었고, 결국 로빈 후드 같은 전설적인 영웅들이 나타났어요.

로빈 후드는 부자들의 재산을 빼앗아 가난한 사람을 도와주는 의적이었어요.

로빈 후드의 교훈

영국의 셔우드 숲에 살던 뛰어난 궁수 로빈 후드는 동료들에게 활쏘기 기술을 가르쳤어요.

어느 날, 그는 한 동료에게 숲에서 길을 잃지 않는 법을 가르쳐 주고 싶었어요. 그래서 그에게 문제를 냈지요.

문제를 풀지 못하면 차가운 강물에 뛰어들어야 해요.

① 로빈 후드는 먼저 동료들의 자리를 정해 주었어요.

자, 다들 서쪽을 바라보고 서.

② 윌, 화살을 오른쪽으로 겨눠.

③ 마리안, 몸을 오른쪽으로 180도 돌려.

④ 리틀 존, 왼쪽을 겨눠.

⑤ 머치, 몸을 왼쪽으로 180도 돌려.

나침반을 이용해서 네 명의 동료가 어느 방향으로 서 있는지 알아맞혀 보아요.

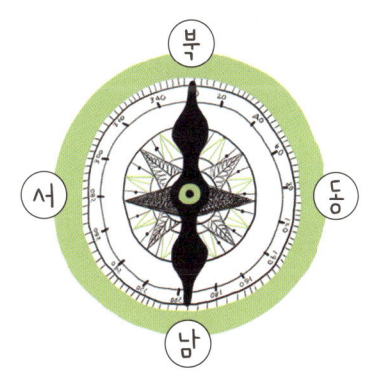

네 사람은 각각 어느 방향으로 서 있을까요?

정답은 67쪽에 있어요.

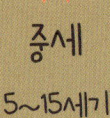 

중세
5~15세기

논리력

점수
10점

난이도 / 하
★☆☆☆☆

르네상스의 화가들

15세기에 세상 사람들은 정신적으로 큰 변화를 겪었어요. 이성, 아름다움, 고대의 학문을 되찾고 종교에 의문을 제기하기 시작했으니까요. 그렇게 해서 르네상스 시대가 열렸어요. 르네상스는 레오나르도 다빈치와 같은 위대한 화가들이 재능을 펼칠 수 있게 해 준 문화 운동이에요. 화가, 조각가, 엔지니어, 과학자였던 다빈치는 비행기를 발명했어요. 그는 거울에 비추어야 제대로 보이게 글을 거꾸로 써서 자신의 아이디어를 훔칠 수 없게 했어요.

모나리자의 정체

어느 날 다빈치는 초상화를 그려 달라는 주문을 받았어요. 그런데 그림을 주문한 사람이 초상화의 주인공이 누구인지를 절대 발설하지 말라고 요구했어요. 다빈치는 입을 다물어야 할 이유가 있었지요. 고객은 영향력 있는 남자였고, 초상화의 주인공은 결혼한 여자였으니까요(이탈리아어로 〈모나리자〉를 〈라 조콘다〉라고도 부르는데, '조콘도의 부인'이라는 뜻이에요).

중세  점수 난이도 / 중
5~15세기　　　상상력　　　40점　　　★★★★☆☆

아메리카 대륙에 상륙한 유럽인들

크리스토퍼 콜럼버스는 훌륭한 항해사이기도 했지만 끈기가 있는 사람이었어요.
그런 장점 때문에 아무도 가지 않은 길을 갈 수 있었지요.
그렇게 해서 그는 1492년에 아메리카 대륙에 도착했어요.
그의 발견은 역사의 흐름을 바꾸어 놓았지요.

콜럼버스의 달걀

아메리카에서 돌아온 콜럼버스는 많은 파티에 초대되었어요. 모두가 위대한 제독을 모시고 싶어 했지요.
하지만 콜럼버스는 그런 만남을 좋아하지 않았어요. 그를 진심을 축하해 주는 사람도 있었지만
그의 발견을 무시하는 사람도 있었으니까요.

1. 어느 날 저녁, 콜럼버스는 귀족들이 연 성대한 파티에 초대되었어요. 그런데 어떤 귀족이 그를 비웃었어요.

당신이 인도를 발견하지 못했으니 다른 항해사들이 발견할 겁니다.

2. 콜럼버스는 화가 나서 하인에게 다가가 귀에 대고 속삭였어요.

미안하지만 달걀 한 개만….

3. 콜럼버스가 테이블 위에 달걀을 놓자 모두가 놀란 표정으로 콜럼버스를 바라봤어요. 물론 달걀은 누워 있었어요. 그러자 콜럼버스가 파티 참석자들에게 말했어요.

파티에 잘난 사람들이 많은 것 같으니 누가 나와서 이 달걀을 세워 보시죠.

4. 그러자 너 나 할 것 없이 달걀을 세우려 했어요. 하지만 모두 실패했지요. 그러자 콜럼버스가 나섰어요.

그는 아주 간단하게 달걀을 세웠어요.

짜잔!

콜럼버스는 어떻게 달걀을 세웠을까요?

정답은 67쪽에 있어요.

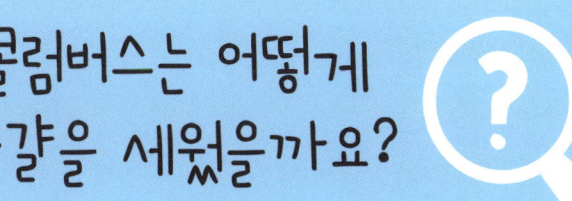

43

근대 상상력 점수 난이도 / 하
15~18세기   20점 ★★☆☆☆

아즈텍의 향료

말린체는 아즈텍 출신으로, 에스파냐의 정복자 에르난 코르테스의 노예이자 애인, 오른팔이었어요.
그녀는 마야 부족과 에스파냐 정복자들의 소통이 가능하도록 돕는 통역사이기도 했고요.
그녀 덕분에 에스파냐 정복자들은 아즈텍의 관습을 이해할 수 있었고,
카카오로 만든 음료인 초코아틀을 알게 되었어요.

목테수마 2세의 카카오

아즈텍 제국의 왕 목테수마 2세의 초대를 받은 에르난 코르테스는 왕이 내민 차갑고 까만 음료를 보고
눈살을 찌푸렸어요. 그러자 말린체가 그것이 초콜릿이라고 설명해 줬지요. 그녀는 카카오 열매를 가루로 갈아서
물을 탄 것이라고 했어요. 카카오는 아주 귀한 열매여서 화폐로 사용되기도 했어요.

① 연회가 열리기 바로 전에 테노치티틀란 궁의 부엌에서 한 아즈텍 여인이 카카오 열매를 갈고 있었어요. 손님들에게 내놓을 초콜릿을 준비하는 것이었지요.

② 이 여인이 열매를 가는 동안 근위병 한 명이 절구를 지켜보았어요. 목테수마 2세가 독살당하지 않도록 감시하는 것이었어요.

③ 근위병이 보고 있는지 몰랐던 여인은 뒤로 돌다가 근위병과 부딪혔어요. 그 순간 절구에 들어 있던 재료가 근위병에게 쏟아졌어요.

④ 하지만 근위병의 옷은 젖지 않았어요.

근위병이 젖지 않은 이유는 뭘까요?

정답은 68쪽에 있어요.

근대	상상력	점수	난이도 / 중
15~18세기		30점	★★★☆☆

미국의 탄생

새로운 변화의 바람과 복종에 대한 반감으로 신대륙에 독립 국가들이 만들어지기 시작했어요. 미국이 대표적인 경우이지요. 1776년, 북아메리카에 있는 영국의 식민지 13개 주가 모여 미국이 되었어요.

무법의 서부로

많은 식민지 주민이 마차에 몸을 싣고 서부로 향했어요. 그들 중에 네덜란드에서 이주한 버트 얀센과 그의 가족도 있었어요. 그들은 힘든 여행길에서 만날 수 있는 위험에 용감히 맞섰어요. 오늘 아침, 무자비한 강도가 얀센의 가족을 뒤쫓았어요. 얼마 되지 않는 물건을 빼앗으려고 말이에요.

근대 15~18세기 | 상상력 | 점수 20점 | 난이도 / 하 ★★☆☆☆

유럽의 패션

우산은 중국에서 처음 발명되었어요. 17세기에 이탈리아와 프랑스 귀족들 사이에서 우산이 유행하기 훨씬 전이었지요. 한 프랑스인이 발명한 접는 우산도 유럽 전역에서 유행했어요. 하지만 영국은 예외였어요. 영국인들은 우산을 여자만 사용하는 물건이라고 생각했거든요.

억수 같은 비

조나스 해웨이는 영국의 사업가였어요. 1750년, 그는 여행을 끝내고 런던으로 돌아오면서 여느 때와는 다른 것을 가지고 왔어요. 바로 우산이었어요. 그가 우산을 쓰고 거리에 나가자 사람들이 그를 보고 낄낄거렸어요. 마부들은 우산이 장사에 방해가 된다면서 그를 공격하려고 했어요. 비가 와야 사람들이 마차를 많이 타니까요.

1. 오늘 오후에도 조나스 해웨이는 런던 시내를 가로질러 클럽으로 향했어요. 친한 동료 테일러와 클라크도 함께였지요.

2. 그런데 갑자기 비가 쏟아지기 시작했어요. 조나스는 항상 지니고 다니던 우산을 자랑스럽게 펴 들었어요. 그러는 사이에 동료들은 비를 피할 곳을 찾았어요.

조나스   테일러   클라크

3. 테일러와 클라크는 빨리 달려서 클럽에 먼저 도착했어요. 테일러의 머리에서 빗물이 줄줄 흘렀어요.

4. 그런데 우산도 없고 모자도 쓰지 않은 클라크는 머리카락 한 올도 젖지 않았어요.

어떻게 그럴 수 있었을까요?

정답은 68쪽에 있어요.

근대	논리력	점수	난이도 / 상
15~18세기		60점	★★★★★★

프랑스 대혁명

왕과 귀족들은 돈을 펑펑 쓰는데 자신들은 굶주려야 하는 상황에 화가 난 프랑스 국민들이 들고일어났어요. 사람들은 거리로 쏟아져 나와 궁을 공격하고 "단두대로!"를 외치며 귀족들의 머리를 잘랐어요. 그들은 자유, 평등, 박애를 요구했지요. 이 혁명 덕분에 전 세계 국민이 정치에 참여할 수 있는 길이 열렸지요. 하지만 귀족에게는 두려움을 심어 주었어요.

왕비의 보물

왕과 그의 가족은 마리 앙투아네트 왕비의 친구인 악셀 폰 페르센 제독의 도움으로 파리에서 도망칠 순간을 기다렸어요.
야심 차고 부유한 백작도 함께하기로 했어요. 그런데 도망치기 전날,
백작은 파란 다이아몬드가 왕궁의 보물 창고에서 사라졌다고 경찰에 신고했어요.
백작은 왕비가 다이아몬드를 훔쳤다고 말했어요.

1 백작은 자신이 본 대로 경찰에 말했어요.

"폭풍우 치는 밤이었어요. 달도 뜨지 않았고요. 이상한 소리가 나길래 불도 켜지 않고 창밖을 내다보았어요."

2 그는 아주 자세하게 설명했어요.

"비가 세차게 내리고 궁에는 불이 다 꺼져 있었어요. 하지만 저는 악셀 폰 페르센을 알아볼 수 있었어요. 맞은편 벽에 그가 쓰는 모자 그림자가 비쳤거든요."

3 백작은 자신이 1층으로 내려갔다고 말했어요.

"1층에 내려가 보니 보물 창고의 문이 활짝 열려 있지 뭡니까!"

4 백작은 왕비가 범인이라는 사실을 암시하면서 증언을 마쳤어요.

"파란 다이아몬드가 사라진 걸 알고 사람들을 깨웠어요. 악셀 폰 페르센에게 돈이 필요하고 왕비가 그의 말이라면 다 들어준다는 걸 모르는 사람은 없지요."

5 증언을 다 들은 경찰서장은 백작을 엄하게 꾸짖었어요.

"백작님, 당장 다이아몬드를 돌려놓으시죠. 당신의 말은 뻔한 거짓말입니다!"

경찰서장은 어떻게 백작이 거짓말한다는 걸 알았을까요?

정답은 68쪽에 있어요.

51

근대
15~18세기

논리력

점수
20점

난이도 / 하
★★☆☆☆

위대한 나폴레옹

대혁명의 혼란이 마무리된 뒤에 나폴레옹 보나파르트 장군은 프랑스와 자신의 군대가 정복한 유럽 지역에 새로운 정치 질서를 만들려고 했어요.
나폴레옹은 아우스터리츠에서 오스트리아와 러시아의 군대를 물리친 뒤에 황제가 되었어요.

명령을 지켜라!

나폴레옹 군대의 병사 두 명이 아우스터리츠 근처에 있는 다리 양쪽 끝에서 보초를 서고 있었어요.
오스트리아와 러시아의 군대가 프랑스 진영을 공격해 올까 봐 감시하는 것이었지요.
두 병사는 명령을 제대로 지킬 수 있을까요?

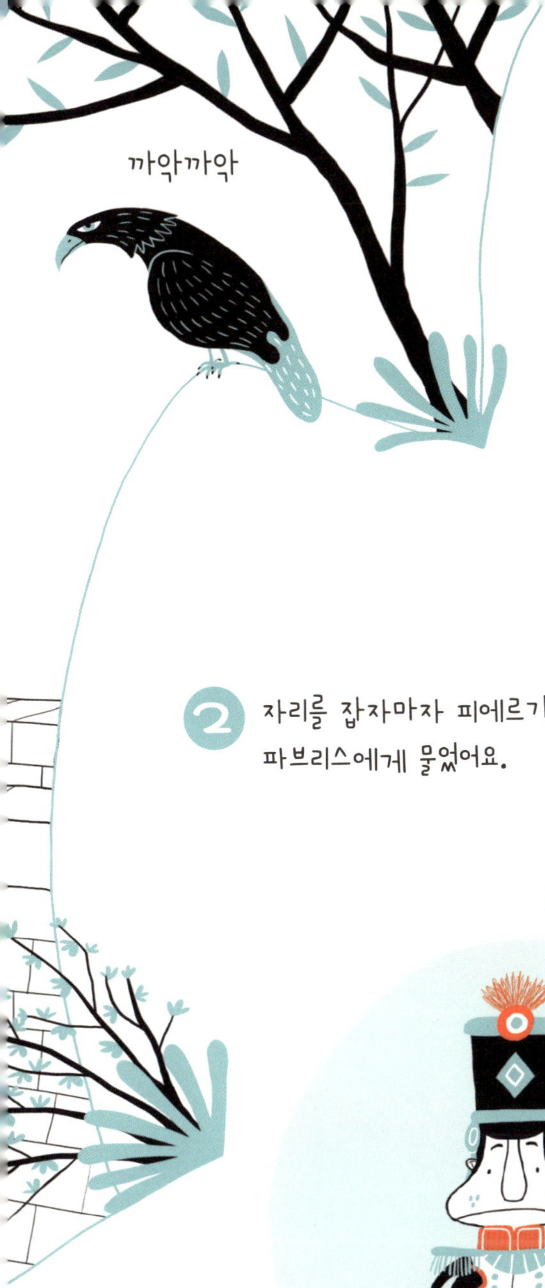

까악까악

1 두 병사는 상관에게 간단하고 명확한 명령을 받았어요. 그들은 다음 초소를 지켜야 했어요.

피에르는 동쪽을 지켜라.

파브리스는 서쪽을 지키고. 절대 움직이면 안 돼. 알았나?

2 자리를 잡자마자 피에르가 파브리스에게 물었어요.

파브리스, 왜 그렇게 눈을 크게 떠? 수상한 게 보여?

3 파브리스는 깜짝 놀라며 대답했어요.

헉! 우리가 명령을 잘못 이해한 것 같아.

그들은 명령을 뭐라고 잘못 이해했을까요?

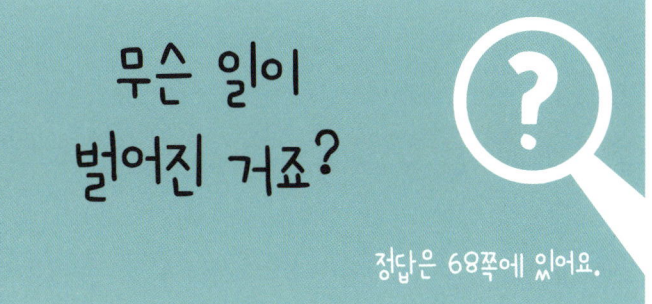

무슨 일이 벌어진 거죠?

정답은 68쪽에 있어요.

현대	상상력	점수	난이도 / 상
19~21세기		60점	★★★★★

위대한 발명가

19세기에 이루어진 가장 중요한 발명은 모두 한 사람의 업적이에요. 그 사람은 바로 토머스 에디슨이에요. 그의 실험실에서 수백 개의 발명품이 태어났어요. 영화를 촬영할 수 있는 카메라, 음악을 녹음하고 재생할 수 있는 축음기, 전기 자동차의 배터리, 유명한 백열전구가 대표적인 발명품이에요.

에디슨의 천재성

역사적으로 위대한 인물이 모두 그렇듯이 에디슨도 그를 둘러싼 소문이 무성했어요. 이 수수께끼도 마찬가지예요. 그의 할아버지는 세 손자 중 한 명에게 유산을 남겨 주고 싶었어요. 하지만 누구를 골라야 할지 몰랐지요. 그래서 테스트를 통해 가장 머리가 좋은 손자가 누구인지 알아보기로 했어요. 할아버지는 세 손자에게 돈이 가득 든 주머니를 한 개씩 주고 곳간을 가득 채울 수 있는 것을 사 오라고 시켰어요.

현대	논리력	점수	난이도 / 중
19~21세기		40점	★★★★☆☆

빼어난 탐정 셜록 홈스

셜록 홈스는 워낙 유명해서 실제로 존재했던 인물이라고 생각하는 사람이 많아요.
하지만 그는 영국 작가 아서 코넌 도일이 쓴 추리 소설의 주인공이에요. 셜록 홈스는 조금 엉뚱한 탐정이에요.
그의 수사 기법은 복잡한 사건을 추리로 풀어내는 것이에요.
그에게 논리로 풀 수 있는 사건은 그저 '기본'이었어요.

기본적인 사건

그날 오후, 셜록 홈스는 리젠츠 파크를 산책하고 한가로이 집으로 돌아오는 중이었어요.
그는 바닥에 누워 있는 한 남자 주위로 사람들이 모여 있는 것을 보았지요. 셜록이 다가가서 살펴보니
이미 남자는 죽어 있었어요. 셜록은 남자의 웃옷 주머니에서 운전 면허증과 소지품을 발견했어요.

1. 셜록은 남자의 이름이 리처드 애덤스라는 것을 알아냈어요. 그곳에서 멀지 않은 곳에는 공중전화 부스가 있었지요. 셜록은 남자의 가족에게 소식을 알리려고 전화를 걸었어요.

2. 애덤스 부인이 전화를 받았지요. 셜록이 남편의 시신이 발견되었다고 알리자 부인은 깜짝 놀라며 금방 가겠다고 말하고는 전화를 끊었어요.

부인, 남편의 시신을 확인해 주셔야 합니다. 이쪽으로 빨리 오시겠어요?

이럴 수가! 금방 갈게요.

3. 얼마 뒤에 부인이 도착했어요. 그녀는 잔디 위에 누워 있는 남편을 보며 울음을 터뜨렸어요.

4. 골똘히 생각에 잠겼던 셜록은 잠시 뒤에 경찰에게 말했어요.

엉엉!!

저 부인을 체포하시오. 저 여자가 범인이오!

셜록은 왜 그렇게 생각했을까요?

정답은 68쪽에 있어요.

현대	상상력	점수	난이도 / 중
19~21세기		40점	★★★★☆☆

일간지의 탄생

20세기 초에 신문과 잡지의 대혁명이 일어났어요.
전신과 전화가 발명되어 세계 곳곳에서 일어난 사건을 알 수 있게 되었고 신문에 빠르게 보도되었거든요. 사람들은 매일 뉴스를 기다렸어요.
신문은 빵이나 우유처럼 매일 사는 필수품이 되었어요.

공짜 심부름

돈 마힌은 가장 친한 친구 브루노와 같은 집에 사는 중년 남성이었어요.
그의 유일한 취미는 매일 아침 식사를 즐기면서 신문을 보는 것이었어요.
하지만 신문이 아직 배달될 때가 아니라서 브루노가 매일 아침에 신문을 사러 갔지요.

① 매일 아침 돈 마힌이 식사를 준비하는 동안 브루노는 집에서 가장 가까운 신문 가판대로 신문을 사러 갔어요.

② 5분도 채 되지 않아 브루노가 신문을 들고 돌아와서 초인종을 눌렀어요.

③ 돈 마힌이 서둘러 문을 열어 주자 브루노는 만족해하며 신문을 내밀었어요.

④ 브루노는 오래전부터 돈 마힌에게 신문을 사다 주었어요. 주말에도, 비가 내리는 날에도 말이에요. 하지만 돈 마힌은 그에게 단 한 번도 심부름값을 주지 않았어요.

돈 마힌은 왜 브루노에게 돈을 주지 않았을까요?

정답은 68쪽에 있어요.

현대	논리력	점수	난이도 / 상
19~21세기		50점	★★★★☆

대규모 공연

20세기 초, 마술사 후디니는 장이 설 때마다 열리던 공연에서 영감을 얻어 대극장용 마술 쇼를 만들었어요. 그는 몸에 감은 쇠사슬의 자물쇠를 풀고, 구속복을 벗고, 물이 가득 찬 수조 속에서 손에 찬 수갑을 풀었어요. 그의 능력에 관해 많은 전설이 전해 내려오지요. 이 수수께끼도 그중 하나예요.

죽음의 문

후디니가 공연하기로 한 파리 대극장의 주인은 대중의 호기심을 자극하려고 매우 어려운 테스트를 제안했어요. 평소처럼 후디니를 쇠사슬로 묶지 않고 아예 방에 가두는 것이었지요. 후디니는 죽을 위험을 무릅써야 했어요.

1. 이번 공연에서 후디니는 몸에 쇠사슬을 묶지 않았어요. 그는 '죽음의 문'이 있는 방으로 안내되었어요. 그 방에는 수상한 문이 두 개 있었어요.

2. 첫 번째 문으로 들어가면 돋보기로 뒤덮인 방이 나와요. 햇빛이 돋보기를 통과하면서 빛이 한곳으로 모여 방 안의 온도가 올라가요. 이 문을 열고 들어가면 누구나 화상을 입을 거예요.

3. 두 번째 문으로 들어가면 배고픈 사자가 기다리고 있어요. 사자는 며칠째 아무것도 먹지 못했어요.

4. 그런데 놀랍게도 후디니는 죽음의 문을 통과해서 무사히 살아남았어요. 햇빛에 타 죽지도 않았고, 굶주린 사자에게 잡아먹히지도 않았지요.

후디니는 어느 문으로 들어갔을까요?

정답은 69쪽에 있어요.

현대	논리력	점수	난이도 / 중
19~21세기		30점	★★★☆☆

제2차 세계대전

20세기에 일어난 두 번째 세계대전 당시 독일군은 암호 기계인 '에니그마'를 발명했어요.
이 기계 덕분에 독일군은 암호로 메시지를 주고받을 수 있게 되었어요.
그런데 폴란드의 암호 해독가들이 에니그마의 암호 체계를 알아냈지요.
그 덕분에 연합군은 독일군의 공격을 많이 막아 낼 수 있었어요.

폴란드 암호

마레크는 독일 나치에 저항하는 폴란드의 암호 전문가였어요. 그는 폴란드에서 사업가로 유명했던
얀 안데르스(Jan Anders)의 딸인 아냐 안데르스와 함께 일했어요. 아냐는 나치와 협력하는 것으로 보이는
사람들을 감시하는 일을 맡았어요. 그녀가 이 중요한 일을 할 수 있도록 마레크는 아주 간단한 암호를 가르쳐 주었지요.

1 마레크는 아냐에게 암호의 원리를 설명했어요.

알파벳을 두 줄로 써요. A부터 M, 그리고 N부터 Z까지요.

A B C D E F G H I J K L M
N O P Q R S T U V W X Y Z

그리고 메시지를 받으면 각 철자를 위나 아래에 있는 철자로 바꿔요. 예를 들어 '마레크(Marek)'를 쓰면 이렇게 되죠.
ZNERX

2 아냐는 훌륭한 첩자였어요. 아버지 얀 안데르스 덕분에 많은 사람을 알았고 아무도 그녀를 의심하지 않았거든요.

3 오늘 아침에도 아냐는 새 암호 메시지를 가지러 비밀 장소에 갔어요. 자신이 감시해야 할 사람의 이름을 곧 알 수 있을 거예요.

4 하지만 암호를 해독한 아냐는 창백해지며 소리를 질렀어요.

아니야! 이건 믿을 수 없어!

WNA NAQREF

아냐는 왜 메시지를 보고 놀랐을까요?

정답은 69쪽에 있어요.

현대
19~21세기

논리력

점수
40점

난이도 / 중
★★★★☆☆

인터넷과 우주의 시대

1980년대 이후 인터넷이 우리의 삶에 큰 변화를 가져왔어요. 전 세계로 이어진 정보망 덕분에 사람들은 서로 연결되어 정보를 교환해요. 다음 도전은 인류 역사상 가장 흥분되는 수수께끼를 해결하는 일일 거예요. '우주에 생명이 존재하는가?'라는 문제지요.

비밀번호를 대라!

국제우주정거장에서는 우주 비행사들이 저마다 컴퓨터에 접속할 수 있는 비밀번호를 가지고 있어요. 비밀번호를 연속해서 3번 잘못 누르면 컴퓨터 접속이 불가능해지고 새로운 비밀번호가 저절로 만들어져요. 오늘 아침에 우주 비행사 셀레스트에게도 이런 일이 일어났어요.

① 지휘관인 셀레스트는 서둘러 컴퓨터 지원 부서에 연락해서 방금 일어난 일을 설명했어요.

② 그러자 지상의 통제 센터에서 새 비밀번호를 보내 주었어요.

"여기는 국제우주정거장의 셀레스트다. 내 비밀번호는 틀렸다, 오버."

"이제는 다르다, 걱정하지 말라."

③ 그러자 셀레스트가 안심했어요.

"좋았어! 고맙다. 교신 끝!"

셀레스트의 새 비밀번호는 무엇일까요?

정답은 69쪽에 있어요.

65

정답

 13쪽 **네안데르탈인 도둑**

노인이 지목한 범인은
누구일까요?

수염이 불 모양을 한 남자가 범인이에요.
그래서 아이가 "불의 얼굴"이라고 했지요.

21쪽 **둘 사기꾼**

남자가 파는 것은
무엇일까요?

젊은 노새를 팔고 늙은 노새를
사 오는 거예요. 그래서 오후에는
노새가 느릿느릿 걷는 것이에요.

 15쪽 **사냥감을 찾아서**

사냥꾼은 어떻게
강을 건넜을까요?

보름달은 한 달에 한 번 떠요.
북쪽에서 두 달을 기다렸더니
강이 얼어 버렸어요. 사냥꾼은
걸어서 강을 건넌 거예요.

23쪽 **파라오의 선택**

파라오는 왜 빈 화분을 가져온
아이를 선택했을까요?

아이가 정직했기 때문이에요. 사실 그가
아이들에게 주었던 화분에는 흙만 들어 있었어요.
아이들은 그 안에 씨앗이 있다고 생각했다가
아무것도 자라지 않자 속임수를 썼어요.

 19쪽 **아홉 개의 선돌을 세워라!**

여자아이는 어떻게
성공했을까요?

선돌이 세워진 곳을 조금 벗어나면
밧줄이 모든 선돌을
이을 수 있다는 걸 알았어요.

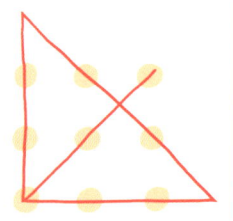

25쪽 **세상에서 가장 똑똑한 사람**

아스파시아가 페리클레스에게 내린
두 번째 지시는 무엇일까요?

다리를 접으라고 했어요.
페리클레스가 몸을 웅크리자
튜닉으로 몸 전체를 감쌀 수
있었어요.

27쪽 구애하는 청년

리는 몇 살일까요?

17살이에요. 하오가 종이를 180도 돌렸다면 숫자 17을 알아보았을 거예요.

37쪽 야만인들이 온다!

병사는 어떤 수를 말해야 했나요?

"열(10)"이에요. 암호는 경비병이 말한 수의 2배가 되는 값이에요.

31쪽 드루이드의 묘약

드루이드는 누구를 위해서 각 묘약을 만들었을까요?

두송 열매 → 에이린
마편초 → 이드리스
물레나물 → 브라이언
박하 → 닐
쑥 → 마에레

39쪽 로빈 후드의 교훈

네 사람은 각각 어느 방향으로 서 있을까요?

윌은 북쪽을, 마리안과 머치는 동쪽을, 리틀 존은 남쪽을 향해 서 있어요.

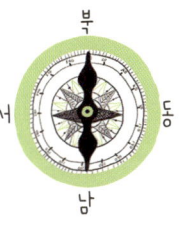

33쪽 황제의 말

배심원들은 왜 그가 무죄라고 했을까요?

단지 안에는 '유죄'라고 쓰인 종이만 남아 있었으니까요. 배심원들은 남자가 '무죄'라고 쓰인 종이를 삼켰다고 믿었어요.

41쪽 모나리자의 정체

모나리자의 진짜 이름은 무엇일까요?

리사 게라르디니

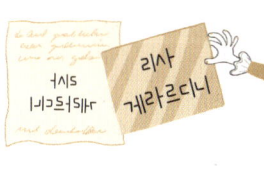

35쪽 금관의 무게

왕은 어떻게 속았다는 걸 알았을까요?

금괴와 금관의 무게가 같았다면 그릇의 수면 높이도 같아야 하니까요.

43쪽 콜럼버스의 달걀

콜럼버스는 어떻게 달걀을 세웠을까요?

콜럼버스는 삶은 달걀을 달라고 했어요. 달걀 바닥을 살짝 깨뜨려서 세웠어요.

67

45쪽 목테수마 2세의 카카오

근위병이 젖지 않은 이유는 뭘까요?

점구에 아직 물을 담지 않아서 카카오 가루만 떨어졌기 때문이에요.

53쪽 명령을 지켜라!

무슨 일이 벌어진 거죠?

두 병사가 지시를 잘 따랐다면 마주보는 게 아니라 서로 등을 지고 서 있어야 해요.

47쪽 무법의 서부로

바퀴가 빠졌는데도 어떻게 계속 달릴 수 있었을까요?

빠진 바퀴는 사고를 대비해 가지고 다니던 예비 바퀴였어요.

55쪽 에디슨의 천재성

에디슨은 무엇으로 공간을 채웠을까요?

성냥과 초를 이용해 공간을 빛으로 가득 채웠어요.

49쪽 억수 같은 비

어떻게 그럴 수 있었을까요?

클라크는 대머리였어요.

57쪽 기본적인 사건

셜록은 왜 그렇게 생각했을까요?

셜록이 주소를 말하지도 않았는데 부인이 금방 도착했거든요. 남편의 시신이 어디 있는지 정확히 안다는 뜻이지요.

51쪽 왕비의 보물

경찰서장은 어떻게 백작이 거짓말 한다는 걸 알았을까요?

그림자가 생기려면 빛이 있어야 해요. 하지만 그날 밤에는 달도 뜨지 않았고, 비가 왔으며, 궁 안의 불은 모두 꺼져 있었어요.

59쪽 공짜 심부름

돈 마힌은 왜 브루노에게 돈을 주지 않았을까요?

브루노는 사람이 아니라 개이기 때문이에요.

61쪽 죽음의 문

후디니는 어느 문으로 들어갔을까요?

첫 번째 문이에요. 그는 밤이 되기를 기다렸어요. 해가 졌으니 햇빛이 돋보기를 통과할 일도 없지요.

63쪽 폴란드 암호

아냐는 왜 메시지를 보고 놀랐을까요?

메시지에 적힌 이름이 아버지의 이름이었기 때문이에요.

65쪽 비밀번호를 대라!

셀레스트의 새 비밀번호는 무엇일까요?

옛 비밀번호는 '틀렸다'였고, 새 비밀번호는 '다르다'예요.

인류에게는 아직 풀어야 할 수수께끼가 많이 남아 있어요. 몇백 년 뒤에는 그 수수께끼들이 역사가 될 거예요.

답

본문에 숨겨져 있는 10개의 물건 목록이에요. 거울을 사용해서 읽어 보세요.

- 미키 마우스(1928년에 발명) 14쪽
- 잠수함(1888년에 발명) 43쪽
- 부르스 큐브(1974년에 발명) 44쪽
- 피터블루 인터넷(1960년에 발명) 47쪽
- 휴대 전화(1973년에 발명) 58쪽
- 비행기(1900년에 발명) 17쪽
- 시계(1656년에 발명) 22쪽
- 계산기(1642년에 발명) 24쪽
- 연필(1792년에 발명) 26쪽
- 라디오(1913년에 발명) 35쪽